spot

NUESTRO SISTEMA SOLA

VENUS

por Mari Schuh

AMICUS

volcán

núcleo

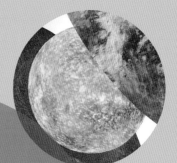

Busca estas palabras e imágenes mientras lees.

nave espacial

nubes

Es de noche.

Mira el cielo.

¡Venus brilla!

Venus es muy caliente.
Es el segundo planeta
más próximo al Sol.

Marte

La Tierra

Venus

Mercurio

Júpiter

Saturno

Urano

Neptuno

¿Ves el volcán?

Venus tiene muchos.

Algunos son altos.

volcán

¿Ves el núcleo?

Es el centro de Venus.

Está hecho de hierro.

núcleo

¿Ves la nave espacial?

Fue a Venus. ¿Por qué?

Para estudiar el aire.

nave espacial

nubes

¿Ves las nubes?

Están hechas de ácido.

Atrapan al calo.

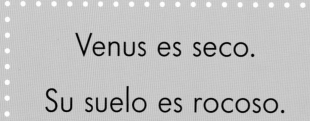

Venus es seco.

Su suelo es rocoso.

volcán núcleo

¿Lo

encontraste?

nave espacial nubes

spot

Publicado por Amicus Learning, un sello de Amicus
P.O. Box 227, Mankato, MN 56002
www.amicuspublishing.us

Library of Congress Cataloging-in-Publication Data
Names: Schuh, Mari C., 1975– author.
Title: Venus / por Mari Schuh.
Other titles: Venus. Spanish
Description: Mankato, MN : Amicus, [2024] | Series: Spot. Nuestro sistema solar | Audience: Ages 4–7 | Audience: Grades K–1 | Summary: "Venus—hot and cloudy. Early readers discover the rocky planet's key features and what makes it different from other planets in the solar system. Simple, Spanish text and a search-and-find feature reinforce new science vocabulary in this North American Spanish translation"—Provided by publisher.
Identifiers: LCCN 2022049461 (print) | LCCN 2022049462 (ebook) | ISBN 9781645495901 (library binding) | ISBN 9781681529141 (paperback) | ISBN 9781645496205 (ebook)
Subjects: LCSH: Venus (Planet)—Juvenile literature.
Classification: LCC QB621 .S4418 2024 (print) | LCC QB621 (ebook) | DDC 523.42—dc23/eng20230106
LC record available at https://lccn.loc.gov/2022049461
LC ebook record available at https://lccn.loc.gov/2022049462

Rebecca Glaser, editora
Deb Miner, diseñador de la serie
Lori Bye, diseñador de libro
Omay Ayres, investigación fotográfica

Créditos de Imágenes: Getty/ewg3D 4–5, MARK GARLICK/SCIENCE PHOTO LIBRARY 14, Yuga Kurita 3; JAXA/JAXA Earth 10–11; NASA/NASA/JPL cover, 16; Shutterstock/AlexLMX 8–9, Artsiom P 6–7, Limbitech 12–13, Nerthuz 1

Impreso en China

VENUS